VENTE APRÈS DÉCÈS LEGENDRE

Les 8, 9 et 10 Décembre 1890

TABLEAUX & MINIATURES

ÉMAUX, IVOIRES, BRONZES

MEUBLES ANCIENS

LIVRES A FIGURES ET A VIGNETTES

Du XVIIIᵉ Siècle

LIVRES ANCIENS ET MODERNES

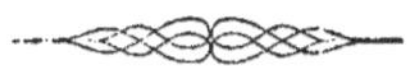

ROUEN

HOTEL DES VENTES

Rue des Carmes, 85

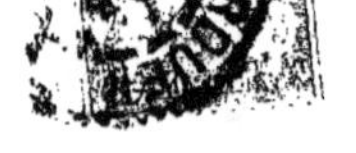

SUCCESSION LEGENDRE

BELLE COLLECTION

Tableaux de Eug. Isabey, Le Poittevin, Français, Defaux, etc.

TABLEAUX ANCIENS DES ÉCOLES FRANÇAISE ET ÉTRANGÈRES

Belle Estampe de Debucourt : « La Promenade publique »

MINIATURES, DESSINS, GRAVURES

Faïences anciennes, Biscuits, Vitraux

DIPTYQUE ÉMAUX DU XVI° SIÈCLE

Très beau Christ, Statuettes et Triptyques Ivoire

BRONZES, MÉDAILLES, PIÉFORT

BAROMÈTRE ET THERMOMÈTRE LOUIS XV

MONTRES, BIJOUX ET MEUBLES ANCIENS

LIVRES A FIGURES & A VIGNETTES DU XVIII° SIÈCLE

VENTE AUX ENCHÈRES

A ROUEN, HOTEL DES VENTES

RUE DES CARMES, 85

**Les Lundi 8 et Mardi 9 Décembre 1890, à deux heures.
Le Mercredi 10 Décembre, à huit heures du soir.**

EXPOSITION PUBLIQUE

Le Dimanche 7 Décembre 1890, de 1 heure à 4 heures.

Les Livres seront exposés le Mercredi 10 Décembre, de 2 à 4 heures.

Le Catalogue se distribue, à Rouen, Hôtel des Ventes, rue des Carmes, 85, et chez M. Houzard, rue de la Grosse-Horloge, 19. Expert pour les Tableaux, Miniatures, Dessins et Gravures.

CONDITIONS DE LA VENTE

La Vente se fait au comptant. Les acquéreurs paieront 10 0/0 en sus des enchères, applicables aux frais.

En cas de contestation sur une enchère l'objet sera immédiatement remis en vente.

L'ordre des vacations sera respecté. Toutefois, le Commissaire-Priseur pourra ne pas suivre l'ordre numérique du Catalogue à chaque vacation. Cet ordre sera rigoureusement suivi à la vacation de Vente de Livres.

Les tares et défauts seront annoncés à chaque mise en vente des objets.

ORDRE DES VACATIONS :

Lundi 8 Décembre, à 2 heures, nos 1 à 67 ;
Mardi 9 Décembre, à 2 heures, nos 68 à 137 :
Mercredi 10 Décembre, à 8 heures, Livres, nos 138 à 225.

Des lots de Livres non catalogués seront vendus au commencement de cette dernière vacation.

CATALOGUE

––––

Tableaux

1. COUDER, Alexandre. — Nature morte : gibier.
2. CHARDIN, Siméon (d'après). — La Mère laborieuse, cadre ancien.
3. CHARDIN (attribué à). – Nature morte.
4. CUYP, Albert (attribué à). — Intérieur d'église, monogramme A C.
5.   Dito.   Intérieur de cabaret.
6. DEFAUX. — Paysage, signé.
7. OUDRY, J.-B (attribué à). — Chien de chasse.
8. DOMINIQUIN (attribué au).— Moïse frappant le rocher.
9. DUJARDIN, Carle. — Paysage, signé.
10. FRANÇAIS. — Paysage, Campagne de Rome (haut. 68, larg. 89), signé et daté 1875.
11. FYT, Jean. — Nature morte : gibier.
12. HOBBEMA (attribué à). — Paysage.
13. INCONNU. — Deux tableaux, paysage.
14. ISABEY, Eug. — Entrée d'un port (haut. 46, larg. 65), signé et daté 1839.
15. KALF, Guillaume (attribué à). — Nature morte : vases.
16. LE GUASPRE (attribué à). — Paysage.
17.   Dito.   Paysage.
18. LE POITTEVIN, Eug. — Marine : pêcheurs, signé et daté 1866.

19. MILLET, Francisque (attribué à). — Deux paysages ovales.

20. MORELLI. — Paysage.

21. OSTADE, Adrien Van (attribué à). — Scène d'intérieur.

22. REMBRANDT (copies d'après). — Deux tableaux.

23. RUISDAEL, Jacques (attribué à). — Paysage, signature sur le bord du bateau.

24.   Dito.   Paysage.

25. RAPHAEL (d'après). — La Vierge dite la Belle Jardinière, cadre sculpté.

26. SCHWEICKARDT. — Vue du Rhin.

27. TENIERS, David (attribué à). — Déjeuner au jambon, cadre ancien.

28.   Dito.   L'Epouse indiscrète.

29. VERNET, Joseph (attribué à). — Marine, signé.

30. WATTEAU (d'après). — Personnages.

31. WILLIG. — Animaux dans un paysage, signé.

32.   Dito.   Animaux dans un paysage, non signé.

33. WOUVERMAN, Philippe (attribué à). — Halte de cavaliers.

34. ZORG (attribué à). — Intérieur hollandais.

(Tous ces tableaux sont encadrés.)

Pastels, Dessins, Aquarelles (encadrés)

35. FLERS, Camille. — Paysage, pastel, signé.

36. INCONNU. — Portrait de dame, 1750, pastel.

37.   Dito.   Fête de village, fixé ancien.

38. HUBERT-ROBERT (attribué à). — Deux dessins.

39. LANGLOIS, Polyclès. — Le Pont-de-l'Arche, dessin.

40.   Dito.   La rue du Bac à Rouen, dessin.

41.   Dito.   Vieilles maisons, aquarelle.

42. LESUEUR (XVIIIᵉ siècle). — Clair de lune, gouache.

43. OUVRIÉ, Justin. — Aquarelle.

44. PRUD'HON (Ecole de). — Daphnis et Chloé, dessin.

Miniatures (encadrées)

45. Madame Récamier.

46. Samson et Dalila (sur vélin).

47. CHARLIER (attribué à). — Enlèvement de Déjanire.

48. HOPNER. — Portrait de jeune dame, 1797.

49. Offrande à l'amour (XVIIIᵉ siècle).

50. Portrait de dame, époque Empire.

51. Tête d'homme.

52. Portrait d'homme, époque de la Révolution.

53. Portrait de Marie Stuart.

54. Dame, époque Louis XIV.

55. Cléopâtre et Marc Antoine, signé J. V., sur boîte écaille.

56. LAVIENNE. — Sujet mythologique, porcelaine signée.

57. Baigneuses, miniature sur bois.

Gravures

58. BEAUVARLET, d'après Van Loo. — La Lecture espagnole, cadre.

59.   Dito.   La Conversation espagnole, cadre.

60. DEBUCOURT. — La Promenade publique, bonne épreuve en couleur signée D. B. 92, remontée, cadre.

61. FICQUET. — Portraits : Corneille, La Fontaine, Regnard, Fénelon, bonnes épreuves.

62. FRAGONARD (d'après). — Les Hasards heureux de l'escarpolette, épreuve moderne.

63. MALBESTE , d'après Moreau le jeune. — Le Coup de
vent, très belle épreuve.

64. D'après MOREAU. — Suite de huit gravures avant et
avec la lettre, pour les œuvres de J.-J. Rousseau.

65. MARCHAND, d'après Fragonard. — Le Baiser, belle
épreuve, remontée.

66. NANTEUIL , d'après Ph. de Champaigne. — Moïse,
belle épreuve , encadrée.

67. ROGER, d'après Prud'hon. — Phrosine et Melidor,
belle épreuve avant la lettre.

Faïences anciennes, Biscuits

68. ANSPACH. — Surtout de table, décor polychrome
fleurettes.

69. MOUSTIERS (?). — Plat, médaillon pastorale.

70. NEVERS. — Plat, décor chinois camaïeu.

71.   Dito.   Deux assiettes polychrome.

72. ROUEN. — Grand plat ovale, fleurs et vases , décor
bleu, rehaussé de rouge.

73.   Dito.   Plat à barbe, décor bleu et rouge.

74.   Dito.   Sucrière pyriforme , bleu rehaussé de
jaune et de rouge.

75.   Dito.   Sucrière, bleu rehaussé de rouge, couvercle restauré.

76.   Dito.   Tasse et soucoupe (Le Vavasseur), restau-
rée.

77.   Dito.   Plaque (Le Vavasseur).

78. SCEAUX. — Deux jardinières carrées à pans coupés.

79. Trois groupes biscuit, époque Louis XVI (à diviser).

80. Deux bustes biscuit, Cicéron, Lucien ; socles.

Emaux, Verrerie, Vitraux

81. Grand diptyque, émaux du XVIe siècle à rehauts d'or :
l'Ascension, les Noces de Cana.

82. Email de Saxe : sujet biblique.

83. Email d'après Boucher : Vénus versant le nectar à l'Amour.

84. Verre à pied et couvercle, verre de Bohême.

85. Vidrecome XVIIᵉ siècle, sujet gravé.

86. Vitrail XVᵉ siècle : Adoration des Mages.

87. Vitrail : le Crucifiement.

Ivoires

88. Magnifique Christ ivoire, haut. 67 cent., croix bois noir.

89. Cérès, statuette ivoire, haut. 43 cent., socle.

90. Deux statuettes ivoire : divinités mythologiques ; haut. 24 cent., socles.

91. Triptyque ivoire : le Jugement de Salomon (traces de polychromie, écrin).

92. Triptyque ivoire : Supplice de Jeanne Darc (écrin).

93. Médaillon ivoire : Henri IV et Marie de Médicis (écrin).

Bronzes, Pendules, Objets divers

94. Paire de vases porte-flambeaux Louis XVI, bronze.

95. Deux flambeaux Louis XIV, bronze argenté.

96. Lustre hollandais à six lumières, cuivre.

97. Coupe porcelaine Japon, monture bronze, style Louis XV.

98. Deux chenets Louis XVI, bronze doré, vases guirlandes avec pilastres et pommes de pin.

99. Deux chenets Louis XVI, bronze, galerie, casques et cassolettes.

100. Saint-Nicolas, statuette bronze arg. XVIᵉ siècle.

101. Deux bustes Henri IV et Sully, bronze sur pieds marbre.

102. Suite de médaillons bronze, de David d'Angers (à diviser).

103 Epée à deux tranchants, gravures mauresques.

104. Pendule Louis XIV carrée, marqueterie et ornements bronze doré, incomplète.

105. Petite pendule Louis XV, violon, marqueterie cuivre et support.

106. Ancienne petite horloge hollandaise à poids.

107. Médaillon marbre, têtes de vieillards, cadre.

108. Médaillon terre cuite, tête de bouffon.

109. Deux plats et médaille étain (à diviser.)

110. Boîte en fer buriné avec applications d'or et d'argent, travail russe.

111. Boîte à musique, 12 airs.

112. Sous ce N°, on vendra des statues d'après l'antique.

Vases et groupes en bronze non catalogués.

Médailles

113. Médaille argent : Philistis, reine de Sicile.

114. Médaille bronze carthaginoise.

115. Médailles impériales romaines, bronze (à diviser.)

116. Piéfort argent Louis XIII, 1643.

117. Médaillons bronze (à diviser.)

Montres, Bijoux anciens

118. Montre allemande, époque Louis XIII (Nicolaus Aug.) argent.

119. Montre Louis XVI or à répétition, cadran émaillé et à personnages automatiques.

120. Grosse montre, cuivre gravé.

121. Coffret argent XVIIe siècle, personnages et armoiries, travail allemand.

122. Breloque argent et camée coquille.

123. Boîte ovale Louis XVI, argent gravé.

124. Croix à bosses or avec son haut filigrané.

Meubles. — Bois sculptés

125. Très beau baromètre par Scanegati, de l'Académie des sciences de Rouen, 1770, cadre Louis XV doré.

Thermomètre, pendant du précédent.

126. Commode à ventre, marqueterie de bois Louis XV, poignées, entrées, chutes et sabots cuivre ciselé, filets cuivre.

127. Belle armoire normande Louis XVI, chêne sculpté, vitrée.

128. Vitrine Louis XVI, noyer et bois de rose, ornements cuivre.

129. Petit bureau Louis XVI, marqueterie de bois.

130. Petite console Louis XVI peinte en blanc.

131. Deux chaises marqueterie de bois, travail hollandais.

132. Quatre fauteuils Louis XIV.

133. Trois fauteuils Louis XV.

134. Fauteuil chêne, panneau sculpté.

135. Buste de reine, chêne sculpté, époque Louis XIII (fragment).

136. Moïse et les tables de la loi, chêne sculpté.

137. Renard en maraude, tableau chêne sculpté.

LIVRES

138. Les Actrices de Paris, portraits de E. de Liphart, front. et vign. Paris, 1882, 1 vol. in-4, rel.

139. ANACRÉON. — Recueil de compositions gravées par Girodet. Paris, 1825, 1 vol. in-fol., dem.rel.

140. ARAGO, J. — Souvenirs d'un Aveugle, Voyage autour du monde, 2 vol. in-8, dem.rel., grav.

141. ARIOSTE. — Roland furieux. Paris, Brunet 1775, port., fig. de Cochin et Moreau avant lettre, 4 vol. in-4, dem.rel., dos et coins, mar., tr. dor.

142. — Roland furieux. Paris, Mallet, 1844, grav. de Tony Johannot sur chine, 1 vol. in-4, dem.rel.

143 ARMENGAUD. — Galeries publiques de l'Europe : Rome. Paris, 1859, 1 vol. in-4, rel., grav. — Italie. 1 vol. in-4, rel.

144. BALZAC (de). — Les Contes drôlatiques, dessins de Gustave Doré. Paris, 1855, 1 vol. in-8, dem.rel. (piqûres).

145. — Physiologie du mariage, par un jeune célibataire. Paris, 1830, 2 vol. in-8, dem.rel.

146. BÉRANGER. — Chansons. Perrotin, 1834, vign., 4 vol. in-8, dem.rel.

147. BOCCACE. — Contes. Londres, 1779, fig. de Gravelot, Boucher et Eisen, gravées par Vidal, 10 vol. in-8, veau fil., tr. dor.

148. BOILEAU-DESPRÉAUX. — Œuvres. Paris, David et Durand, 1747, port. par Rigaud, fig. et vign. d'Eisen, 5 vol. in-8, veau.

149. BOISARD. — Fables. Paris, Pissot, 1779, fig. de Monnet, 2 vol. in-8, veau. (Manque le frontispice.)

150. CAMOENS. — La Lusiade. Paris, Nyon, 1776, fig., 2 vol. in-8, veau.

151. CERVANTÈS. — Les principales Aventures de l'admirable Don Quichotte. Liège, Bassompierre, 1776, fig., vol. in-4, dem.rel.

152. — Don Quichotte. Paris, Dubochet. 1836, vign. de Tony Johannot, 2 vol. in-4, dem.rel. (piqûres).

153. Chants et chansons populaires de la France. Paris. 1858, grav. et airs notés, 2 vol. en un seul in-4, dem.rel. (piqûres).

154. CHEVIGNÉ (de). — Les Contes rémois. dessins de Meissonier. Paris, Michel Lévy, 1858, 1 vol. in-8, dem.rel.

155. Chroniques neustriennes. Paris, 1825, 1 vol. in-8. dem.rel.

156. COHEN. — Guide de l'amateur de livres à vignettes et à figures du XVIIIᵉ siècle. Paris, 1880, 1 vol. in-8, dem.rel., dos et couv. mar., tr. dor.

157. Contes et nouvelles en vers. Genève, 1804, vign., 2 vol. in-12, dem.rel.

158. DAUPHIN. — La Dernière Héloïse ou lettres de Junie Salisbury, recueillies et publiées par M. Dauphin, citoyen de Verdun. Paris, 1784. 3 fig. et vign. de Queverdo, 1 vol. in-8, veau, fil. (taché).

159. DEMOUSTIERS. — Lettres à Emilie sur la mythologie. Paris, 1809, fig. de Moreau, 2 vol. in-8, dem.rel.

160. Dictionnaire de l'ancien régime et des abus féodaux. Paris, 1821, 1 vol., dem.rel.

161. DIONIS DU SEJOUR. — L'origine des grâces, par Mˡˡᵉ D... Paris, 1777, fig. de Cochin, 1 vol. in-8, dem.rel.

162. DORAT. — Les Baisers, précédés du Mois de mai. La Haye, 1770, fig. et vign. de Eisen et Marillier, 1 vol. in-8, veau.

163. — Œuvres. Tome II, contenant la déclamation théâtrale, fig. de Eisen. Œuvres mêlées en prose et en vers, fig. de Eisen, avᵗ lettre, 1 vol., in-8, veau.

164. Les Emaux de Petitot au musée du Louvre. Paris, Blaisot, 1862-1864. portraits au burin par Ceroli, 1 vol. in-4, dem.rel.

165. ERASME. — Eloge de la folie. 1757, fig. et front. d'Eisen, 1 vol. in-8, dem.rel.

166. FALLUE. — Histoire de l'église métropolitaine et du diocèse de Rouen. Rouen, 1850.

167. FÉNELON. — Les Aventures de Télémaque. Paris, Estienne, 1730, front. et fig. de Coypel, Caze, etc., carte, 2 vol. en un, in-4, veau.

168. FENOUILLAT DE FALBAIRE. — L'Honnête criminel, drame. Amsterdam et Paris, Merlin, 1768, fig. de Gravelot, 1 vol. in-8, dem.rel.

169. FLAUBERT, Gustave. — Madame Bovary. Paris, Michel Lévy, 1857, 2 vol. in-8, dem.rel., édition origin.

170. — Salammbô. Paris, Michel Lévy, 1863, 1 vol. in-8, dem.rel., édit. origin.

171. — La Tentation de Saint-Antoine. Paris, Charpentier, 1874, 1 vol. in-8, br., édit. origin.

172. FLORIAN. — Galatée, roman pastoral, fig. en couleurs d'après Monsiau. Paris, 1793, grand in-4, 1 vol. rel. veau, exemplaire à toutes marges.

173. FOË, Daniel de. — Aventures de Robinson Crusoé. Paris, 1861, ill. de Gavarni, 1 vol. in-4, br.

174. GESSNER. — OEuvres. Paris, de Patris, 1796, port. et fig. de Binet, 3 vol. in-8, veau.

175. DE GRAFFIGNY. — OEuvres. Paris, 1821, fig. de Le Barbier et Chasselat, 1 vol., dem.rel.

176. GUILLEMETH. — Histoire d'Elbeuf. Rouen, 1842, 1 vol. in-8, br.

177. HAMILTON. — Mémoires du comte de Grammont. Paris, Bonassiès, 1876, eaux-fortes de Chauvet, 1 vol. in-8, dem.rel.

178. HAMILTON. — Les quatre Facardins, conte, 1762, 1 vol. in-12, rel. maroq.

179. HENRIET. — Le Paysagiste aux champs, eaux-fortes. Paris, 1876, 1 vol. in-4, dem.rel., dos et coins.

180. IMBERT. — Historiettes ou nouvelles en vers. Amsterdam, 1774, fig. et vign. de Moreau, 1 vol in-8, veau (piqûres).

181. — Le Jugement de Pâris, suivi d'œuvres mêlées. Amsterdam, 1774, fig. de Moreau, vign. de Choffard, 1 vol. in-8, veau fil.

182. JANIN, Jules. — Les Symphonies de l'hiver, ill. de Gavarni. Paris, 1858, 1 vol. in-4, dem.rel.

183. Les Jeux de Calliope. Londres et Paris, 1776, fig. de
Gibelin, 1 vol. in-4, grand papier, rel. veau. (Recueil dont la 1re partie seule a paru.)

184. LACROIX, Paul. — XVIIe Siècle : institutions,
usages et costumes. Paris 1880, grav., 1 vol in-4,
dem. rel., toile, tr. dor.

185. — Histoire de l'orfèvrerie-joaillerie. 1 vol., br.

186. LA HARPE. — Tangu et Félime. Paris, Pissot, 1780,
fig. en couleurs de Marillier, 1 vol. petit in-8,
dem. rel.

187. LANGLOIS, H. — Essai sur la calligraphie des ma-
nuscrits du Moyen-Age et sur les ornements des
premiers livres d'heures. Rouen, 1841, 1 vol. in-8,
br., gr.

188. LEGENDRE. — Vie du cardinal d'Amboise. Amsterdam, 1726, port. et grav. du tombeau, 1 vol. in-4,
veau.

189. LE SAGE. — Le Diable boiteux. Paris, 1845, ill. de
Tony Johannot, 1 vol. in-4, dem. rel.

190. — Histoire de Gil Blas, vign. de Jean Gigoux. Paris,
Paulin, 1835, 1 vol. in-4, dem. rel.

191. LA FONTAINE. — Les Amours de Psyché et de
Cupidon, avec le poëme d'Adonis. Paris, 1797, fig.
de Moreau, front. de Hédouin, 2 vol. in-18, dem. rel.

192. — Les Amours de Psyché et de Cupidon, avec le poëme
d'Adonis. Paris, 1797, fig. de Gerard, av. lettre, gra-
vure de Cambiesi, ajoutée au poëme d'Adonis, 1 vol.
in-4, dem. rel.

193. — Fables. Paris, 1868, ill. de Gustave Doré, 1 vol.
in-fol., rel.

194. — Fables causides de La Fontaine, en bers gascouns.
A Bayoune, 1776, titre et front. de Moreau, 1 vol.
in-8, mar., tr. dor.

195. — Suite de gravures des Contes de La Fontaine, copies des gravures de l'édition des fermiers géné-
raux, 1 vol. in-8, veau.

196. Le Livre des orateurs, par Timon. Paris, 1842,
portraits, 1 vol. in-4, dem. rel.

197. LONGUS. — Les Amours pastorales de Daphnis et
Chloé. Bouillon, 1776, fig. d'après le Régent, 1 vol.
in-12, dem. rel.

198. LUCRÈCE. — De la nature des choses. Paris, 1768, front. et fig. de Gravelot. 2 vol. gr. in-8, veau.

199. MARMONTEL. — Bélisaire. Paris, Merlin, 1767, fig. de Gravelot, 1 vol. in-8, veau fil.

200. — Contes moraux. Paris, Merlin, 1765, port. par Cochin, titre et fig. de Gravelot, 1er tirage, 3 vol. in-8, veau.

201. MILTON. — Le Paradis perdu. Paris, 1863, estampes de Flatters. 1 vol. in-fol., rel.

202. MONTESQUIEU. — Le Temple de Gnide, suivi d'Arsace et Isménie. Paris, 1790. fig., 1 vol. in-12, dem.rel.

203. NORMANDIE. — Recueil de vues, cartes et plans anciens extraits de Merian, 1 vol.

204. Numismata antiqua a marchione Jacobo Musellio. Vérone, 1760, 1 vol. in-4, rel. v., port. et fig.

205. OVIDE. — Les Métamorphoses, traduites par l'abbé Barnier. Paris, 1738, grav. sur bois, 2 vol. in-4, veau.

206. POPE (Alexandre). — Œuvres complètes traduites en français. Paris, Vᵉ Duchesne, 1779, port. de Kneller, fig. de Marillier, 8 vol. in-8, veau, fil., tr. dorée.

207. PREVOST (l'abbé). — Manon Lescaut. Paris, Glady frères, 1875, eaux-fortes de Flameng et Chauvet, 1 vol. in-8, dem.rel., dos et coins, tr. dor.

208. PROPERCE. — Elégies. Paris, 1802, fig. de Marillier, 2 vol. in-8, dem.rel.

209. RABELAIS. — Œuvres, ill. de Gustave Doré. 2 vol. in-4, rel. mar. et toile, tr. dor.

210. RACINE. — Œuvres de Jean Racine. Paris, 1768, port. par Santerre, fig. de Gravelot, 7 vol. in-8, veau. (Portrait de Corneille ajouté.)

211. REGNARD. — Œuvres (volumes 1, 2, 3 et 4 des), Paris, 1789-1790, de l'imprimerie de Monsieur. port. par Rigaud, fig. de Moreau, 4 vol. in-8, rel. veau. (Incomplet.)

212. REGNIER. — Satires et autres œuvres. Londres, Jacob Tonson, 1733, front. de Natoire, vign. et culs-de-lampe de Boucher et Natoire, texte encadré, 1 vol. in-4, dem.rel., dos et coins.

213. SAINT-LAMBERT. — Les Saisons. Amsterdam,
1771, fig. de Gravelot et Le Prince, fleur. et vign.
de Choffard, — suivi de 3 contes, de poésies
fugitives et de fables orientales, 1 vol in-8, veau.

214. SCARRON. — Le Roman Comique. Paris, Didot,
l'an IV, fig. de Le Barbier, 3 vol. in-8, dem.rel.,
dos et coins.

215. STERN. — Voyage sentimental. Paris, Jouaust,
1875, eaux-fortes de Hédouin, 1 vol. in-8 br.

216. LE TASSE. — La Jerusalemme Liberata, de Tor-
quato Tasso. Parigi, 1771, front., fig. et vign.
de Gravelot, 2 vol. gr. in-8, papier de Hol-
lande, rel. mar., tr. dor.

(Erreur de reliure: le 1er vol. porte au dos tome II.)

217. THIERS. — Le Consulat et l'Empire, 20 vol. in-8,
dem.rel

218. D'USSIEUX. — Le Décameron français. Paris, 1772,
fig. de Caresme, Eisen, etc., 2 vol.in-8, veau fil.

219. UZANNE (Octave). — L'Ombrelle. — Son Altesse la
Femme. — La Française du Siècle. — Le Miroir du
Monde; ill. d'Avril. Paris, Quantin, 4 vol. avec
étuis (à diviser).

220. VOLTAIRE. — La Henriade, 1 vol. in-4, rel. veau,
— Théâtre, 5 vol. in-4, rel. veau. Genève, 1768,
fig. de Gravelot.

221. — Théâtre. Imprimerie de la Société littéraire et
typographique (Kehl), portr. front. et dédi-
cace, deux suites de fig. de Moreau, 9 vol. in-8,
mar. écrasé, tr. dor. et dent. int.

222. — Epitres. Même édition, divers portraits, 1 vol. in-8,
mar., tr. dor., dent. int.

223. — La Henriade. Même édition, deux suites de,
fig. de Moreau, 1 vol. in-8, mar., tr. dor.,
dent. int.

224. WALTER SCOTT. — OEuvres, trad. de Defaucon-
pret, 30 vol., dem.rel.

225. ZACHARIE. — Les quatre Parties du jour, front.
et fig. de Eisen. Paris, Musier, 1769, 1 vol. in-8,
veau.

ROUEN. — IMP. DE LÉON DRIÈRE